Collection de Mme B.

Objets d'Art

Japonais et Chinois

IMPRIMERIE MAULDE ET RENOU

A. MAULDE & Cie

IMPRIMEURS DE LA COMPAGNIE DES COMMISSAIRES-PRISEURS

Rue de Rivoli, 144

CATALOGUE

DES

OBJETS D'ART

JAPONAIS ET CHINOIS

Laques, Inrô, Netzuké

Ivoires, Armes, Gardes de Sabres, Kodzuka

Kanamono

Céramique, Objets divers

COMPOSANT LA COLLECTION DE Mme B.

Et dont la vente aura lieu

HOTEL DROUOT, SALLE N° 4

Le Lundi 7 Mars 1892, à 2 heures précises

Me M. DELESTRE
COMMISSAIRE-PRISEUR
Rue Drouot, 27

M. B. LASQUIN
EXPERT
Rue Laffitte, 12

CHEZ LESQUELS SE TROUVE LE PRÉSENT CATALOGUE

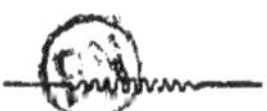

EXPOSITION PUBLIQUE

Le Dimanche 6 Mars 1892, de 1 heure 1/2 à 5 heures 1/2

PARIS — 1892

CONDITIONS DE LA VENTE

La vente sera faite au comptant.

Les Acquéreurs paieront CINQ POUR CENT en sus des enchères, applicables aux frais.

A. MAULDE et Cie, imprimeurs de la Cie des Commissaires-Priseurs,
rue de Rivoli, 144 500—21919

DÉSIGNATION

LAQUES

1. **Petite boîte** octogone à fond noir, antérieure au XVIe siècle et décorée en or mat, de fougères, avec réserves circulaires, où des cigognes aux ailes éployées forment arabesque. Bords sertis d'étain.

2. **Boîte à parfums** carrée, plate, sertie d'étain, en laque granuleux. Le décor représente un vol de papillons verts à liserés jaunes, voltigeant sans ordre dans un fond noir, semé de feuilles d'érable rouges. A l'intérieur et au revers d'autres papillons analogues.

3. **Boîte** circulaire dont l'intérieur et le revers sont en laque d'or. L'extérieur est à fond

2.

noir, avec un décor d'herbes fleuries en or. XVIIe siècle.

4. **Pot à cendres** de forme cylindrique, avec doublure de cuivre à l'intérieur. Laque noir avec un décor d'or, représentant de jeunes pins, un prunier en fleurs et des bambous. XVIIe siècle.

5. **Boîte** en forme tubulaire, divisée en trois compartiments superposés. Laque noir. décoré de trois motifs disposés en rond et composés d'une branche de cerisier épanouie, en or, argent et rouge, d'une branche d'érable or et rouge, ou d'une tige de liserons fleurie, en or de deux tons. L'intérieur des deux premiers compartiments est nuagé d'aventurine ; le dernier est doublé de cuivre doré. XVIIe siècle:

6. **Petite boîte** sphéroïdale à couvercle plat, en laque rouge sculpté, appelé *Tsuishu.* L'ornementation de la boîte se compose de plantes de cactus, et celle du couvercle représente un lapin dans les herbes. XVIIe siècle.

   Signée : TOYEI.

7. **Boîte à parfums** circulaire et plate. Sur un fond de laque noir, criblé d'une infinité de petits trous, se détache un décor rouge

représentant un singe accroché aux branches d'une plante à larges feuilles et à gros fruits. Sur le pourtour court une double bordure à la grecque, en rouge, sur le même fond noir pointillé. XVIIe siècle.

Spécimen des laques appelés *Sonzei*, d'après le nom du créateur du genre.

8. **Boîte à écrire** carrée à angles abattus. Toutes les surfaces extérieures de la boîte sont couvertes en laque usé d'un décor qui imite, en or et en divers tons de couleurs métalliques, les nervures du bois. Intérieur aventuriné. XVIIe siècle.

9. **Bol couvert** en laque aventuriné, décoré d'un réseau de bâtons rompus en or mat. Le centre du couvercle présente une fleur de chrysanthème, dessinée en traits noirs dans un fond d'or. A l'intérieur, des traits d'or sinueux également sur fond d'or aventuriné, simulent un cours d'eau.

10. **Boîte à parfums** plate, en forme d'éventail. La partie qui simule la feuille de l'éventail est en laque d'argent avec un décor de paysage noir, imitant une peinture à l'encre de Chine. Les baguettes sont d'or, et les autres parties de la boîte à fond noir aventuriné. La fleur de chrysanthème à seize

pétales (armoirie impériale) orne l'intérieur, au revers du couvercle et dans le fond de la boîte.

11. **Boîte à parfums** circulaire, plate au centre et s'abaissant en biseau vers les bords. Fond noir décoré sur le couvercle d'un semis de fleurs de chrysanthèmes en laque rouge.

12. **Petit cabinet** en forme d'un carré long, à angles arrondis, avec poignées d'argent. Sur un riche fond de laque aventuriné sont jetés, en or, des coiffures de nobles, des instruments de musique, des parasols, des dévidoirs et des ustensiles divers. En ouvrant la porte, à charnières et serrure d'argent, on trouve son revers richement piqué d'or et décoré, en or mat, d'une souris grimpant sur un maillet.

13. **Petite boîte rectangulaire** avec couvercle à recouvrement. Elle représente un jeu de gô. Le laque est à fond sombre avec, sur les côtés longs, un décor qui imite les veines du bois. Deux branches de cerisier épanouies, en laque d'or, ornent le dessus et les côtés du couvercle. L'objet est garni à l'intérieur de trois petites boîtes en forme de fruit, laquées d'argent, avec feuilles d'or et queue en corail.

Egrenure au bord.

14. **Boîte de cantine,** de forme carrée, à angles arrondis. Elle se compose de trois compartiments superposés à fond noir, décoré en or, d'un semis de pommes de pins et d'aiguilles. Des grues au revers du couvercle.

15. **Boîte à écrire** carrée plate, à angles arrondis. Laque noir à décor d'or, d'argent et d'aventurine. Deux oiseaux sont posés sur un rocher où croissent des chrysantèmes et des fougères. Ce motif se détache sur un fond de décor géométrique. Dans l'intérieur, un vieux sapin et une plante ornementale s'élèvent devant une barrière de jardin.

16. **Boîte à parfums** plate, rectangulaire, dont le couvercle est à recouvrement. Laque noir, avec décor d'or, représentant, sur un terrain accidenté, des chaumières ombragées par des cerisiers en fleurs. XVIIIe siècle.

17. **Deux petites tasses** de forme carrée et évasée. Fond noir à décor d'or et de rouge. Sur chacune des quatre faces un motif de paysage ou de fruit entouré de fleurs ou d'ornements en forme de nuages. XIXe siècle.

INROS

18. **Inrô** à quatre cases, en bois veiné, légèrement laqué en noir. Il porte pour décor trois médaillons en relief laqués or qui offrent des paysages, avec incrustations d'argent et de corail. Style archaïque et robuste. XVIe siècle.

Coulant en fer niellé.

19. — à quatre cases, en laque saupoudré d'or. Le décor, à léger relief et de plusieurs couleurs, représente un jeune garçon endormi, le coude appuyé sur la tête d'un bœuf qui, lui-même, est couché. XVIIe siècle.

Cachet : SHIOMI MASSASANÉ.

20. — de forme plate, en laque aventuriné. Il est décoré, en laque d'or et de coulenr, d'un motif de l'école de Tosa, qui représente un cheval rétif retenu par deux hommes. XVIIe siècle.

Signé : KÔMA KIUHAKOU.

21. — à quatre cases, à fond noir, décoré en or d'une forêt de sapins, derrière laquelle se voit, en laque d'argent, le disque lunaire. XVIIe siècle.

22. — à cinq cases, à fond noir, décoré en or de

branches de chrysantèmes largement épanouis. XVIIe siècle.

23. **Deux Inrôs** à quatre cases, en laque brun, couleur d'écaille. L'un représente un temple chinois au bord de la mer, et l'autre porte un semis de chrysanthèmes sur un fond de bâtons rompus. XVIIe siècle.

24. **Inrô** à trois cases, à fond d'or, incrusté en burgau d'une corbeille nattée contenant un bouquet de fleurs, dont le décor en or fait retour sur fond de la boîte. XVIIe siècle.

Signé : KAJIVAWA.

25. — à quatre cases, en laque noir. Un martin-pêcheur, en nacre très irisée, est posé sur une brindille de bambou en laque d'or, au-dessus d'un ruisseau ; au revers, d'autres bambous, également en laque d'or. XVIIIe siècle.

Signé : KAJIVAWA.

26. — à quatre cases, en laque d'or à l'intérieur comme au dehors. Le décor est en reliefs de laquc d'or et de couleurs avec portions d'étain et de burgau. Le sujet représente une figure de danseur et, au revers, une danse de singe. XVIIIe siècle.

La pièce porte un cachet qui n'a pu être déchiffré.

27. **Inrô** à quatre cases, en laque noir, décoré en or frotté, de deux voiles, qui s'enfoncent dans la mer brumeuse. Au premier plan émergent les cîmes d'un bois de sapin. XVIIIe siècle.

Signé : Kôma Shinriu.

28. — de forme basse, en laque noir, décoré en or et rouge d'un dragon dans les flots écumants. XVIIIe siècle.

29. — en laque noir, décoré, en or et en couleur, d'une touffe serrée d'herbes et de fleurs sauvages. XVIIIe siècle.

Signé : Shuï.

30. — en laque noir, portant pour décor un paysage en burgau incrusté à plat. L'intérieur de la boîte est entièrement en laque d'or. XVIIIe siècle.

31. — en laque d'or, décoré en or pavé, de différents tons. Chimères gambadant au milieu de rochers, plantés de pivoines en fleurs. XVIIIe siècle.

32. — en argent ciselé d'un décor de vagues, où d'un côté nage un dragon, et de l'autre flotte une cloche de temple. XVIIIe siècle.

33. — à trois cases en laque argenté, décoré, en or

et en noir, de trois chevaux en liberté, au pied d'un saule pleureur.

D'après l'inscription y apposée en laque d'or, cet objet a été fait par le laqueur Hirosei Nagaharu d'après la commande du seigneur Yoshida Kasei. xviiie siècle.

34. **Inrô** plat et large, en laque d'or. Sur le disque de la lune, très grand, passe un vol de corbeaux en reliefs de laque noir. Les montants intérieurs sont également en laque d'or. xviiie siècle.

35. — à quatre cases, en laque aventuriné richement pailleté d'or. Le décor, en or vif, rehaussé de rouge, représente le dragon des orages traversant la nue, qui est simulée par des dépressions ondulées dans la surface de la boîte. xviiie siècle.

Signé : Jôkasaï.

36. — à cases mobiles en argent, qui sont renfermées dans une gaine, composée de métaux divers. L'une des faces est en fer gravé d'un décor de vagues, éclairées par le croissant de la lune, découpé à jour. L'autre face est en shibuitshi, avec un médaillon doré, à ciselures de fleurs. xviiie siècle.

Cachet : Yassutshika.

37. — en laque brun, dont les grandes surfaces imitent les reliefs de la sparterie. Un léger

décor d'or représente une sorte de cage quadrangulaire en bambou.

Signé : Kwanshôsai.

38. **Inrô** à quatre cases, en laque noir, portant en rehauts, également noirs, un semis de chrysantèmes épanouis, mêlé à des caractères chinois.

Légère ébréchure à l'un des bords.

39. — en laque d'or, décoré de trois motifs de fleurs, disposés chacun en forme de cercle.

Signé : Senriu Tshuyou.

40. — de forme assez plate, à fond d'or, représentant en laque frotté, or et couleurs, l'épisode des sept lettrés chinois dans la forêt de bambous.

41. — en ivoire sculpté à demi-relief, avec le fond teinté de noir. Les sept lettrés chinois, réfugiés dans la forêt de bambous, sont représentés, d'une façon humoristique, se livrant aux plaisirs de la danse.

Pièce gravée à la pointe sèche, par Félix Buahot.

42. — à quatre cases, à fond noir, décoré en laque plat, d'un oiseau chantant sur un prunier en fleurs.

Signé : Hissahidé.

43. — à quatre cases, décoré d'une branche de prunier en fleurs, en laque usé sur fond noir.

NETSUKÉS EN BOIS

44. **Quatre netsukés en bois** représentant chacun, avec des variantes, un crapaud posé sur un seau renversé.
Signés : Massanao.

45. **Netsuké en bois**. Un chien qui se gratte.
Signé : Dorakou.

46. — en bois marron, représentant un fruit avec sa tige garnie de feuilles.
Signé : Boumga.

47. — Un vaste édifice couvert de chaume. Dans les galeries à jour on perçoit de nombreux personnages.
Signé : Hôrakou.

48. — Crapaud au repos.
Signé : Risui.

49. — Serpent enroulé.
Signé : Sukénao.

50. — Grenouille assise sur une sandale de paille.
Signé : Massanao.

51. — Animal.

NETSUKÉS EN IVOIRE

52. **Netsuké en ivoire.** Un *Capa* (monstre des marais) attaqué par un gros crabe.
Signé : IKÔSAI.

53. — Buffle couché, la peau tachetée de noir.
Signé : TOMOTADA.

54. — Pieuvre enroulée dans ses tentacules.
Cachet illisible.

35. — Philosophe chinois lisant, assis sur un tabouret.
Signé : SÉKIRAN.

56. — Philosophe chinois lisant. Il voyage sur le dos d'un buffle qui est conduit par un homme du peuple.
Signé: JORIU.

57. **Un netsuké en ivoire.**

NETSUKÉS DIVERS

58. **Netsuké** en laque d'or représentant un jouet d'enfant, en forme d'oiseau.

59. — en laque d'or, représentant une fleur de chrysantème avec feuille.
Signé : OUNRIUSAÏ.

60. **Netzuké** en biscuit de porcelaine ou en grès. Un lapin, un chien, et une figure du dieu Daïkokou.

61. **Trois netsukés** en forme de bouton, en ivoire incrusté.

OBJET EN IVOIRE

62. **Boîte** ronde et plate, décorée d'une rosace teintée en brun.

Diamètre : $0^m,10$.

ARMES

63. **Deux pointes de flèches** de forme plate dite Vatakoujiri (arrache-entrailles). Elles ont ajourées des motifs figurant des fleurs de cerisier.

Signées : KORAÏ, habitant de la province Etshisen.

64. **Fer de lance** à deux défenses à la base, aiguisées sur tous les profils.

Signé : YASSUKOUNI.

65. **Quatre fers de lance** droits.

Signés : MASSATSUNÉ — MONJU — KANÉHISSA — MITSUSADA.

GARDES DE SABRES

66. **Quatre gardes** en fer plein, incrustées de cuivre. Motifs variés. XVe siècle.

67. **Trois gardes** de petits sabres en fer, ajourées et incrustées de cuivre, à motifs d'ornements. XVe siècle.

68. — en fer plein, incrusté d'argent et d'or. Des têtes de mort et des ossements au milieu des herbes. XVIe siècle.

Signée : SHÔAMI.

69. — en fer ajouré, enrichi de dorures ; trois personnages à l'apparence exotique se démènent au milieu de rinceaux fleuris. Des caractères d'une forme étrange entourent l'ouverture où passe la lame. XVIe siècle.

70. — en bronze rouge ; modèle en bas-relief très vigoureux ; face et revers de Raïjin (dieu du tonnerre), au milieu des nuages, remplis de tous les attributs du démon. XVIe siècle.

71. — en fer martelé, sans ornement. XVIe siècle.

Signée : OUMÉTADA.

72. **Six gardes** en fer ajouré, avec incrustations de cuivre, à dessin d'ornements. XVIe siècle.

73. **Douze gardes** en fer plein ou ajouré, la plupart incrustées d'or et d'argent. xvie siècle.

74. **Deux gardes** en fer plein ; l'une est décorée d'un personnage qui porte une gourde, debout sur une lamproie (sujet d'un proverbe Japonais); l'autre représente une chimère qui joue avec les glands d'un tube, figuré en shakoudo. xviie siècle.

Pièces attribuées au premier Goto.

75. — en fer, formant un bourrelet complètement évidé. xviie siècle.

Signée : Bamen Tsunémassa.

76. **Trois gardes** en fer ajouré. Deux sont à motifs de feuilles de mauve ou de chêne, et la troisième est évidée à la scie de raies transversales régulières. xviie siècle.

Signées : Kinaï, de la province Etshizen.

77. **Garde** en fer uni, incrusté de shakoudo, d'or et de cuivre rouge. Deux nègres pêchent à l'aide d'une corde des branches de corail qui émergent des eaux. xviie siècle.

78. — de petit sabre en fer avec applications de bronze rehaussé d'or. Pêcheurs à la ligne. xviie siècle.

79. **Huit gardes** en fer plein ou ajouré, avec incrustations d'or et d'argent.

80. **Garde** en fer évidé, avec rehauts de shakoudo et d'or. Pour motif, le Sennin *Gama*, en compagnie de son crapaud.

Cachet en or incrusté : Toshiyouki.

81. — en fer, portant en relief, avec quelques rehauts d'or, le dragon des tempêtes, qui, tantôt apparaît, tantôt disparaît dans la vapeur des nuages.

Cachet illisible.

82. — en fer évidé d'un treillage de bambous d'un modelé gras. xviiie siècle.

Signée : Massatoshi de Kofou (Yédo).

83. — en fer évidé et ciselé, représentant un dragon qui s'enroule en cercle. xviiie siècle.

Signée : Itshi Yanaghi Tomoyoshi.

84. — en fer évidé à la scie, pour figurer une fleur de chrysanthème à nombreux pétales. xviiie siècle.

Signée : Massatsuné, de la province Moussashi.

85. — en fer modelé, incrusté d'or et d'argent. Un personnage verse le contenu d'une gourde dans l'excavation d'une roche. Un homme, debout devant lui, au pied d'un sapin, regarde cette action avec curiosité. xviiie siècle.

Signée : Hamano Kenzui.

86 **Garde** en fer, creusée en bas-relief, d'un sapin aux fortes ramures. XVIIIe siècle.

Signée : HISATSUNÉ.

87 — en fer évidé à la lime d'une poignée de *Nishi*. XVIIIe siècle.

Signée : TOSHIHIDÉ, de la province Sado.

88. — en sentokou gravé et incrusté. Une cigogne dressée sur ses pattes, et sur la face opposée un vieil arbre de pin. XVIIIe siècle.

Signée : ARIHIRO.

89. — en sentokou, avec applications en relief. Promenade sur l'eau, au clair de la lune. XVIIIe siècle.

Signée : HIROTOSHI.

90. **Quatre gardes** en fer évidé, à dessins de plantes et autres motifs. XVIIIe siècle.

91. **Garde** en sentokou, avec détails en or, argent et shakoudo. Un bûcheron lie ses fagots, pour les charger sur un cheval qui se tient près d'un sapin à côté de lui. XVIIIe siècle.

Signée : HIROTSHIKA.

92. — en sentokou gravé. Un jeune homme assis, médite dans un paysage agreste, au bord d'un ruisseau. XVIIIe siècle.

Signée : TSUNÉSHIGHÉ.

93. **Trois gardes** en fer incrusté d'argent, décorées d'un poisson ou de dragons dans les nuages. XVIIIe siècle.

94. **Deux gardes** en fer évidé, représentant les ustensiles qui servent dans les fêtes du thé. XVIIIe siècle.

95. **Douze gardes** en fer ajouré et damasquiné, représentant des combats ou des scènes légendaires. XVIIIe siècle.

96. **Deux gardes** en bronze rouge, avec incrustations de métaux divers représentant des insectes et de petites vrilles feuillues. XVIIIe siècle.

97. **Trois gardes** en sentokou, plein ou évidé, à sujets de personnages, d'oiseaux ou de fleurs. XVIIIe siècle.

98. — en argent, incrusté d'or et de shakoudo à plat ; un oiseau de Hô plane au-dessus d'un paulownia en fleurs. Motif analogue au revers.

99. — en shakoudo granulé. Les reliefs, partie modelés dans la masse, partie incrustés en or, représentent des dragons traversant les nuages.

Signée : KOUNISHIGUÉ, habitant de Hirado.

100. — en shakoudo à rehauts d'or, avec parties

évidées à jour. Le motif est formé de chrysantèmes épanouis.

101. **Garde** en shakoudo chagriné, incrusté d'argent et de métaux divers. Grues dans les roseaux.

Signée : Gôto Mitsuyassu.

162. — en shibuitshi gravé, avec incrustations d'argent et d'or. Le décor représente les deux saints chinois Kansan et Jittokou, déchiffrant l'écriture d'un grand rouleau.

Signée : Mori Kadzutoshi.

103. — en shibuitshi, avec rehauts d'or et de shakoudo. Une chauve-souris volète devant un clissage, sur lequel s'accrochent les vrilles d'une vigne vierge.

Signée : Tô-ou.

104. — en fer ciselé avec incrustations en relief d'or et d'argent. Tigre dans le creux d'un rocher, et dragon dans les nuages.

105. — en fer damasquiné.

106. — en shakoudo évidé et modelé, représentant les jeux des écureuils au milieu de la vigne touffue. Les ouvertures pratiquées pour le passage des petits couteaux du

sabre ont été bouchées par des plaques en or ciselé.

Il en manque une sur l'un des côtés.

107. **Garde** en shakoudo. Sur un fond d'herbe indienne, évidée en léger relief, s'enlève un semis de fleurs, vues de face.

108. — en shibuitshi ciselé, et incrusté de reliefs en or, argent et en shakoudo. Un guerrier des anciennes époques s'élance dans les flots, monté sur un cheval fougueux dont le corps contourne la tranche de la garde.

KODZUKA

109. **Trois kodzuka** en fer incrustés d'or. Motifs d'ornements. XVIe SIÈCLE.

110. **Dix kodzuka** en fer incrustés, décorés de motifs variés. XVIIe siècle.

111. **Kodzuka** en fer, avec applique de skakoudo et de bronze et relief et détails en or.

Le sujet représente le héros *Benkei* qui fait mine de lire son passeport. A terre le bâton qui a servi à battre son jeune maître Yoshitsuné. Revers en bronze strié. XVIIIe siècle.

Signé : Jo.

112. **Kodzuka** en fer, doublé d'argent. Il est décoré, en incrustations d'or et d'argent à plat, d'une de ces boules de fleurs artificielles à longues tresses en soie de couleurs, qui se suspendent au plafond. XVIIIe siècle.

Signé : Gôto Seijo.

Il est monté d'une ancienne lame d'acier, *Signé :* Toshima Massatomo.

113. — en fer, avec applications d'or et de shakoudo. Un danseur de premier de l'an, portant sur l'épaule les attributs de circonstance. XVIIIe siècle.

Signé : Ton-an Sômin.

114. — en fer ciselé avec applications d'or. Vol de trois oiseaux au-dessus d'une longue vague qui déferle. XVIIIe siècle.

Signé : Massayuki.

115. — en fer ciselé avec incrustation d'argent en relief. Le poète chinois Rihakou déployant un rouleau. Au revers se trouve gravé le fragment d'une poésie composée par ce savant. XVIIIe siècle.

Signé : Tshokouzui.

116. — en sentokou modelé. Buste apparaissant en bas-relief dans un cercle. Au revers on distingue une boule de neige, exprimée par

un léger pointillé. C'est une allusion au philosophe chinois qui, dépourvu de ressources, étudie ses livres à la lumière reflétée par la neige. XVIIIe siècle.

Cachet d'Or: Yeishun (surnom de Nagatsuné ?).

117. **Deux kodzukas** en sentokou gravés au burin, l'un représente un dragon, l'autre des papillons. XVIIIe siècle.

Signés: Mitsuoki. La pièce décorée du dragon porte en outre le nom de famille : Riukoudo.

118. **Kodzuka** en sentokou figurant un tronc de cerisier. XVIIIe siècle.

Signés en or incrusté : Riutshikou.

119. — en sentokou granulé, représentant une nuit d'automne. La lune, émergeant des nuages, éclaire un ruisseau vers lequel pique un vol d'oies sauvages. XVIIIe siècle.

Signés: Takénooutshi Hirotsugou, élève de Otsuki Mitsuhiro.

120. — en sentokou, incisé au burin, avec quelques incrustations d'or et d'argent à plat. Motif : une touffe d'herbes fleuries. XVIIIe siècle.

Signé: Riobounyusai Toyotoshi.

121. **Kodzuka** en sentokou, gravé en creux d'un dragon qui s'enroule tout autour de la pièce. XVIIIe siècle.

Signé : YEIJU.

122. — en sentokou, gravé en creux d'une tête de dragon et d'une queue de tigre ; allusion aux emblèmes du ciel et de la terre. XVIIIe siècle.

Signé : SEIOUNKEN HIROSHIGHE.

123. — en sentokou gravé et incrusté en relief. Grue debout sur un tronc de sapin. XVIIIe siècle.

Signé : SHÔZUI.

124. — en shakoudo chagriné portant en reliefs rehaussés d'or des chevaux en liberté. Le revers est gravé en creux dans du cuivre doré, de chevaux et de bœufs dans un pâturage. XVIIIe siècle.

Signé : SOKOUJO. Les ornements par KÔRI (famille des GÔTO).

125. — en shakoudo chagriné, décoré en relief du dieu Daïkokou au milieu de ses sacs de riz. XVIIIe siècle.

Signé : GÔTO TAÏJO.

126. — en shakoudo modelé à rehauts d'or, d'un

décor qui représente les flots avec des roues hydrauliques. Au revers, en gravure au burin, un rivage boisé et un vol d'oiseaux au-dessus de la mer. xviiie siècle.

127. **Trois kodzukas** cuivre rouge, sentokou ou fer. xviiie siècle.

Signé : Yatsushika.

128. **Kodzuka** en métal laqué. Une jeune femme, en costume archaïque, contemple un seau renversé à terre. xviiie siècle.

Signé : Jokasaï.

129. — en cuivre, incrusté de shakoudo. Grouillement de fourmis sur le sable. xviiie siècle.

Signé : Zérakou.

130. — en bronze rouge, gravé en bas-relief, richement incrusté d'argent et d'or. Un empereur chinois s'égaye à la lecture d'un livre. Son porte-lance est debout derrière lui. xviiie siècle.

Signé et cachet en or : Itsando-Joï.

131. — en shibuitshi gravé au burin. Le dieu Hotei et les enfants. xviiie siècle.

Signé : Fouroukawa Jôtshin.

132. — en bronze chagriné, incrusté de shakoudo à rehauts d'or. En bas un tronc de sapin,

et plus haut des branches de saule. XVIIIe siècle.

Signé : YANAGAWA TSURÉTOSHI.

133. **Trois kodzukas** en fer ciselé. Décors de paysages. XVIIIe siècle.

133 *bis*. **Quatre kodzukas** en fer incrusté, à sujets de fleurs, d'arbres ou de plantes. XVIIIe siècle.

134. **Kodzuka** en cuivre doré, gravé en creux d'un joueur de flûte monté sur un bœuf. XVIIIe siècle.

Signé : YANAGAWA NAOSHIGHÉ.

135. — en cuivre doré, décoré en incrustations d'argent très saillantes, d'un bois de cerisiers, surchargés de fleurs touffues. XVIIIe siècle.

136. — en shibuitshi, gravé en creux avec quelques détails en or. Les deux gardiens du temple luttent de force au moyen d'une corde passée derrière le cou de chacun. XVIIIe siècle.

Signé : HIRATA HARUNARI.

137. **Quatre kadzukas** en shakoudo, incrustés d'animaux en relief. XIXe siècle.

138. **Kodzuka** en shakoudo, ciselé à rehauts d'or. La fleur de paulownia avec ses feuillages.

139. **Deux kodzukas** en shibuitshi, gravés au burin. L'un représente un archer et l'autre les vagues de la mer, derrière lesquelles apparaît le croissant de la lune.

140. **Trois kodzukas** en shibuitshi, à motifs de vagues, d'oiseaux ou d'ossements humains.

141. **Kodzuka** en shibuitshi, gravé au burin d'une tige de pivoine épanouie, battue par la rafale. Le revers consiste en une plaque de bronze brun.

KOGAÏS

142. **Kogaï** en fer, damasquiné d'une langouste en or sur plaque de shakoudo unie. XVIIIe siècle.

Signé : Goto Seijo.

143. — en sentokou gravé au burin. Un saint bouddhique traverse les flots à dos de poisson. XVIIIe siècle.

Signé : Kenrioushi Nagayoshi.

144. — composé d'une double aiguille en shakoudo ciselé, avec rehauts d'or, d'une branche de paulauwnia.

ANNEAUX ET BOUTS DE SABRES

145. **Quatre bouts de sabre** en fer damasquiné. Ils représentent des casques de formes diverses.

146. **Anneau et bout de sabre** en shibuitshi, gravés en relief adouci de deux figures de Shôki. XVIIIe siècle.

Signés : Joï.

147. **Anneau de sabre** en shibuitshi. Ciselure évidée, représentant les flots irrités. XVIIIe siècle.

Signé : TADAYOSHI.

148. **Cinq garnitures d'anneaux** et bouts de sabre en fer ciselé et incrusté de sujets d'animaux. XVIIIe siècle.

149. **Dix bouts de sabre** en fer, décorés en incrustations saillantes de sujets à personnages. XVIIIe siècle.

150. **Anneau et bout de sabre** en shakoudo chagriné, décorés en reliefs de carpes au milieu des algues.

Signés : KATSURA MASSATOSHI.

151. **Anneau et bout de sabre** en shakoudo chagriné, portant un décor de fleurs en relief.

Signés : Morikouni Atsutaka.

152 — en shakoudo chagriné, avec décor en relief représentant un faucon sur un arbre.

Signés : Biyel.

153. — en shakoudo chagriné, décorés en relief de pivoines épanouies. Les feuilles sont d'or et les fleurs d'argent.

Signés : Hidémassa.

154. — en shakoudo uni, damasquinés et ornés en relief d'une famille de faisans.

Signés : Jughiokusaï Kadzuyoshi.

155. — en shakoudo grenu, incrustés de paulownias et de chrysanthèmes, les deux fleurs impériales.

Signés : Yeizui.

156. — en shakoudo chagriné. Le sujet, en fort relief, représente une des statues gardiennes du Temple.

157. **Anneau de sabre** en shakoudo chagriné avec applications d'or et d'argent, à sujet de feuillages.

Signé : Hisanori.

158. **Anneau de sabre** en shakoudo ciselé et incrusté. Une licorne.

Signature : Kadzunori, précédée de la mention : offert au sieur Hara (un docteur japonais).

159. **Fragment d'anneau de sabre** en shakoudo chagriné, portant en relief un coq et des poussins.

Signé : Yamamoto Yoshimitsu.

160. **Trois bouts de sabre** en shibuitshi, à décors de personnages.

161. **Neuf bouts de sabre** en shibuitshi. Décors divers.

MÉNOUKIS

162. **Ménouki** en shakoudo et or, représentant un seigneur assis sur des branchailles et tenant sur le poing un faucon.

Signé : Tsunénao.

163. — en shakoudo, or et argent représentant un philosophe chinois, suivi d'un jeune garçon qui porte ses livres.

Signé : Hissanori.

ÉTUIS DE PIPES

164. **Étui de pipe** en bois strié, laissant en réserve une partie saillante et polie, qui imite l'enroulement d'une lanière de bambou. Une applique de bronze, figurant un escargot, sert d'anneau de passage au cordon de suspension.

165. — en bois sculpté. Il représente le renard légendaire aux neuf queues et sa transformation en figure de femme.

Signé : RIUYEI.

KANAMONOS

166. **Kanamono** en fer ciselé, décoré d'un chien, et un autre à motif de poisson. XVIIe siècle.

167. — Plaque en fer ciselé, portant un vol de deux cigognes dans les nuages. XVIIe siècle.

Signé : TOMONOBOU.

168. — en fer niellé avec parties incrustées en relief. Il figure un kakemono où l'ascète Dharma fait tourner un jouet d'enfant sur le bout de son doigt. XVIIIe siècle.

169. **Kanamono** de fer niellé de dessins géométriques, sur lesquels passe le vol d'un oiseau de nuit. XVIIIe siècle.

170, — en bronze, forme de bouton, portant en relief un groupe composé d'un héros et d'un diable. XVIIIe siècle,

171 — en argent avec parties émaillées. Oiseau de Hô, entouré de pivoines. XVIIIe siècle.

172. — en sakoudo, or et argent, représentant un noble de l'ancienne cour, assis à terre. XVIIIe siècle.

173. — à fond de shakoudo avec appliques d'autres métaux. Les dieux Hotei et Fokourokou combattent dans une lice délimitée par une enfilade de sacs de riz. Le dieu Yébissu fait le juge du camp. XVIIIe siècle.

Signé : GOTO RENJO.

174. — en argent ciselé. Plaque ajourée de forme carrée, représentant les flots au milieu desquels se tort un dragon. La tête et une partie du corps se détachent en haut-relief, ainsi qu'une de ses griffes, qui enserre la perle sacrée, figurée par une boule en verre. XVIIIe siècle.

175. **Huit kanamonos** en métaux mélangés, représentant des scènes diverses à personnages.

COULANTS

176. **Coulant** forme quadrangulaire allongée. Il est de shakoudo avec application en relief d'une touffe de millet.
Signé : Yossimassa.

177. — de forme ovoïde allongée, en fer, avec application en relief d'une vigne or et argent.
Signé : Itshiju.

178. — forme d'olive aplatie, en fer avec application en or de deux cailles dans les millets.
Signé : Iyétsugou.

179. — forme d'olive en argent, décoré en or d'une tige de lys.
Signé : Tomoyoshi.

180. **Deux coulants** sphériques en émail cloisonné.

182. **Huit coulants** en verre ou en porcelaines, variés de forme.

182. **Un gros coulant** sphérique en cristal de roche.

CÉRAMIQUE

183. **Cinq pièces** de porcelaines, portant des décors de la Compagnie des Indes; deux

thélères, un pot au lait, une tasse, une soucoupe.

184. **Trois pièces** de porcelaines décorées en bleu sous couverte.

a, petit plat, à pied étroit.
b, petite jardinière hexagone.
c, boîte à rouge pour cachets, en forme d'éventail.

185. **Deux bols** émaillés de taches vertes, jaunes et brunes.

186. **Coupe** de forme ovale portant en relief des branches de prunier fleuries. Émail rouge.

PORCELAINES DE HIZEN

187. **Deux pièces** à décor appelé Kakiyémon, du nom de son innovateur : Assiette et petit compotier.

188. **Deux pièces** polichromes :

a, jardinière quadrangulaire.
b, vase en forme de balustre à base aplatie.

189. HIRADO. **Petit brûle-parfums** de forme sphérique, muni d'un couvercle en bronze découpé, bord de porcelaine. Le décor en bleu sous couverte, représente des jeux d'enfants au milieu d'arbustes fleuris.

190. **Brûle-parfums** en forme de tambour, décoré en bleu sous couverte de bambous et de sapins. Il est garni d'un couvercle bombé, en bronze, orné d'un motif de dragon finement incrusté de fils d'or, et ajouré.

191. OKAWATSHI. **Tube** à fond bleu, empois uni. Il est cerclé de trois anneaux de laiton reliés par un montant où pend un anneau de suspension.

PORCELAINES DIVERSES

192. **Bol** cylindrique à fond rouge avec un motif irrégulier d'alvéoles en or. Koutani.

193. **Petit support** rond à piédouche, servant à poser l'encre de Chine. Décor rouge en or, finement détaillé avec rehauts verts. Motifs d'animaux chimériques et de fleurs. Koutani.

Cachet, figurant le caractère de longévité.

POTERIES

194. KIOTO. **Plateau** rectangulaire à bords droits. Couverte truitée, décoré en émaux vert et bleu, à rehauts d'or, d'arbres et de fleurs.

195. AWATA. **Deux bouteilles à saké** à long col avec couverte truitée. Le décor en vert, bleu et or est formé d'arbres et de fleurs.

196. — **Petite théière** de forme ovoïde en terre blanche, décorée en rouge et or, avec rehauts d'émail blanc, d'une voiture de mikado arrêtée sous les arbres en fleurs.

Signée : SHÔGHETSUZAN RANTEI.

197. SATZUMA. **Fourneau** à chauffer l'eau. Décor en or et couleurs, formé des attributs du bonheur. Bords et couvercle ajourés.

Un morceau recollé.

198. **Midzusashi** (Pot à eau pour la préparation du thé) de forme cylindrique à couvercle. Terre blanche, à couverte couleur d'ivoire finement craquelée et décorée d'un semis de motifs violâtres cernés d'or. Ils sont disposés en cercle, stylisant des dragons, des oiseaux de Hô ou des nuages.

Signé : MIMPEI.

Légère fêlure au couvercle.

199. **Coupe** en grès foncé, représentant un bâteau, dont l'avant est couvert d'un toit de paille.

Longueur : $0^m,24$.

OBJETS EN FER

200. **Boîte** de forme tubulaire composée de deux compartiments superposés, et d'un couvercle plat. Travail de damasquine offrant des frises de dragons dans les nuages. Travail chinois.

Au revers un cachet d'or indiquant comme date la période de Sentokou (1426-1435).

201. **Brûle-parfums**, représente une branche de kaki avec ses feuilles et le fruit qui s'ouvre par le milieu. Un petit papillon sert de bouton. XVIe siècle.

Hauteur : 0^m,10.

202. **Godet à eau** pour délayer l'encre de chine, en forme d'une théière à fond plat. Incrustation d'argent, au pourtour, d'un semis de fleurs, disposé d'une façon géométrique. XVIe siècle.

Diamètre : 0^m,07.

203. **Brûle-parfums** en forme de sablier, couronné par un couvercle hémisphérique. Il est couvert d'un décor niellé, représentant des oiseaux au milieu de rinceaux fleuris. XVIe siècle.

Hauteur : 0^m,09.

204. **Pot à cendre** de forme cylindrique, à couvercle ajouré et surmonté d'un lapin à longues oreilles.

Travail de damasquine or et argent, représentant des personnages chinois dans un paysage. XVIe siècle.

Hauteur : 0m 08

205. **Écritoire portative** se composant d'une boîte à deux compartiments en forme d'inrô, et d'un tube à pinceau. Le tout est ciselé à dessin de dragons et de nuages, et damasquiné de deux tons d'or. Le culot de la boîte et les anneaux où passe le cordon de soie sont d'argent. XVIIe siècle.

206. **Masque de guerrier,** en fer repoussé, donnant le modelé d'une figure humaine d'expression terrible. Moustache en crin. Laqué rouge à l'intérieur. XVIIe siècle.

207. **Deux petites jardinières** de forme rectangulaire, reposant sur quatre pieds et portant chacune deux anses placées à l'orifice dans le sens de la hauteur. Sur l'une d'elles on remarque des traces de niellure et l'autre porte des ornements en relief. XVIIIe siècle.

208. **Couvert** composé de deux bâtons à manger et d'une cuillère, qui portent pour décor un semis de la fleur impériale du chrysan-

tème, en damasquine d'or. La coquille de la cuillère est en argent. XVIIIe siècle.

Longueur : 0m26.

206. **Petite boîte** à charnière, en forme de bonbonnière plate. Le couvercle est damasquiné d'une bordure, encadrant un enroulement de dragon, et, au revers, est représenté un saule sous lequel on voit une grenouille, figurée en relief doré. XVIIIe siècle.

210. **Petit bol** de travail chinois. Le pourtour est en fer niellé à dessin de bâtons rompus, qui laisse en réserve deux médaillons de cigognes au milieu des fleurs. Le bord et le culot sont en bronze frotté d'or, et le tout est doublé d'un intérieur d'argent. XVIIIe siècle.

Diamètre : 0m05.

211. **Bouilloire à eau** en fonte à monture d'argent, en forme de théière. Un dragon en plein relief de cuivre doré est appliqué sur l'une des deux faces. Le revers porte le même motif fondu dans la matière. Le couvercle est incrusté d'une plaque de jade ajourée. XVIIIe siècle.

BRONZES

212. **Petit bol** évasé, de patine foncée. Il est gravé en creux d'un dessin à bâtons rompus, où se remarquent les restes d'un niellé d'argent. XVIIIe siècle.

Diamètre : 0m07.

213. **Petit vase** à patine foncée et de forme balustre. Deux anneaux mobiles sont pris dans des boutons saillants sur les côtés. Il est niellé de fils d'argent qui forment un dessin ornemental de caractère archaïque.

Hauteur : 0m07.

214. **Vase** à panse surbaissée, surmontée d'un col qui s'évase par les bords. Il imite un clissage de bambou.

Hauteur : 0m20.

215. **Flambeau** représentant une tige de lotus, garnie de boutons.

Hauteur : 0m40.

216. **Deux pièces** en bronze doré. Une boîte de forme cylindrique et plate gravée de méandres, et une petite coupe conique, gravée sur fond chagriné de bambous et de pivoines en fleurs.

217. **Jardinière** de forme basse et lobée, représentant le vieux tronc d'un arbre coupé, garni de lianes.

Signée : Yoshimitshi.

Diamètre : 0m 13.

218. **Brûle-parfums** de suspension, représentant un singe qui s'accroche de son bras droit plus long que nature.

Hauteur : 0m 25.

219. **Quatorze presse-papiers**. Fruits, animaux, maisonnette.

220. **Peigne** en ivoire, de forme cintrée, décoré en laque d'or de papillons, volant au-dessus de fleurs champêtres, face et revers.

Signé : Kajikawa.

221. — en ivoire, de forme cintrée, offrant sur les deux faces un décor en laque d'or, discrètement rehaussé de burgau, qui représente une gerbe de fleurs et de graminées.

Signé : Shôzan.

222. — de forme cintrée, en laque d'or, décoré sur les deux faces. Faisan et poule faisane.

Signé : Tshiozan.

223. **Trois peignes** de forme cintrée, en laque d'or

bruni, à décors de fleurs ou d'oiseau. Deux sont incrustés de nacre ou de corail.

224. **Barrette d'ivoire**, figurant un personnage peu vêtu, aux jambes démesurément longues, et les bras levés pour s'étirer.

Longueur : $0^{m}17$.

USTENSILES

225. **Pose-pinceaux** de forme concave et oblongue en ivoire, gravé d'un dessin qui représente un génie debout sur les nuages.

226. **Godet à eau** pour délayer l'encre de Chine. Il représente une fleur de cerisier avec sa tige. La partie supérieure est en bronze rouge et tout le reste en fer.

OBJETS DIVERS

227. **Boîte à rouge** en bronze rouge, de forme plate et hexagonale. Le couvercle porte gravé en creux deux hautes meules de paille, éclairées par la lune, qui est incrustée en argent. Quelques petites fleurs mêlent leurs pétales d'or à de hautes herbes, figurées en gravures. L'intérieur du couvercle est doublé d'argent.

Signée : ITSHIMIYA KENRIUSHI NAGAYOSHI.

227 *bis*. **Godet à eau** de forme ovale, en shakoudo rehaussé d'or, décoré en demi-relief d'oiseaux volant au-dessus de sapins, au bord de l'eau.

228. **Boule** en cristal de roche, reposant dans un support de fer nieillé en forme de feuille.

Diamètre de la boule : 0 m 08.

229. **Boules** en cristal de roche.

230. **Garniture** pour brûler le parfum. Elle se compose d'un petit plateau rectangulaire en laque, de douze ustensiles en bois ou en métal et de dix sachets en papier d'or et d'argent.

www.ingramcontent.com/pod-product-compliance
Ingram Content Group UK Ltd.
Pitfield, Milton Keynes, MK11 3LW, UK
UKHW021952260726
13994UKWH00004B/1706